Tadpole Books are published by Jump!, 5357 Penn Avenue South, Minneapolis, MN 55419, www.jumplibrary.com

Editor: Jenna Trnka **Designer:** Anna Peterson **Translator:** Annette Granat

Photo Credits: Patrick Foto/Shutterstock, cover; Juanmonino/iStock, 1; Maria Taglienti-Molinari/Getty, 2–3, 16tr; Radka Palenikova/Shutterstock, 4–5 (spider); Dennie Cody and Duangkamon Khattiya/Getty, 4–5 (boy), 16tl, 16bm; Realstock/Shutterstock, 6–7, 10–11, 16tm, 16bl, 16br; Ian Andreiev/Dreamstime, 8–9 (hand); epantha/iStock, 8–9 (spider); dmitro2009/Shutterstock, 12–13; kali9/iStock, 14–15.

Library of Congress Cataloging-in-Publication Data is available at www.loc.gov or upon request from the publisher.
978-1-64128-068-6 (hardcover)
978-1-64128-069-3 (ebook)

LAS EMOCIONES

EL MIEDO

por Genevieve Nilsen

TABLA DE CONTENIDO

EL MIEDO

Ella tiene miedo.

araña

Una araña lo asusta.

Se cubre la cara.

La oscuridad la asusta.

Ella se esconde.

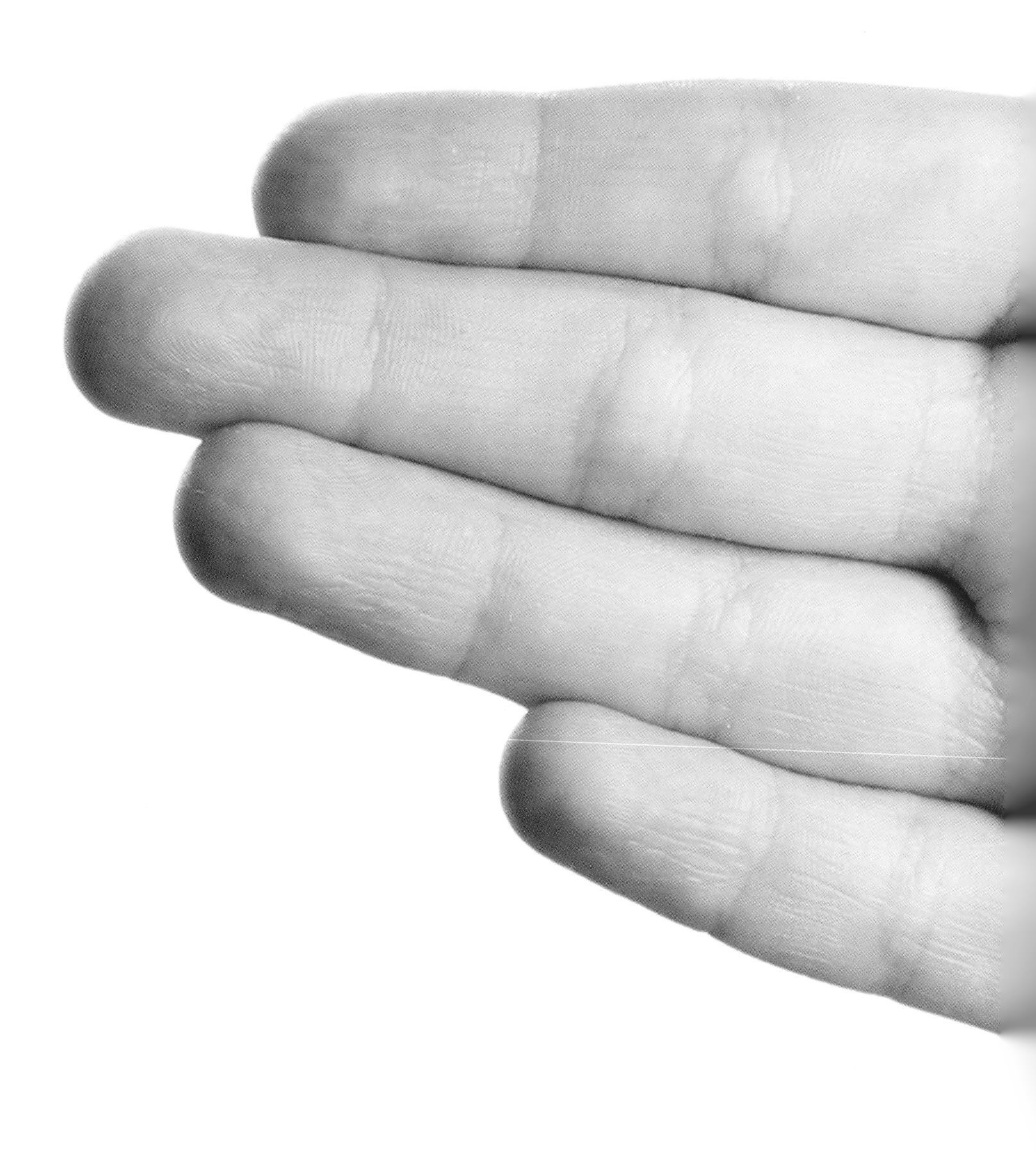

Él tiene una araña en la mano.

luz

Ella duerme con una luz.

¿Qué te da miedo?

¡Atrévete!

REPASO DE PALABRAS

araña

luz

miedo

oscuridad

se cubre

se esconde

ÍNDICE